AF232560

ENTRETIENS

DE NAPOLÉON

AVEC CANOVA,

EN 1810.

IMPRIMERIE ANTHELME BOUCHER, RUE DES BONS-ENFANS, N°. 34.

ENTRETIENS

DE NAPOLÉON

AVEC CANOVA,

EN 1810.

A PARIS,

CHEZ ANTH^e. BOUCHER, IMPRIMEUR-LIBRAIRE,
RUE DES BONS-ENFANS, N°. 34.
ET CHEZ TOUS LES MARCHANDS DE NOUVEAUTÉS.

1824.

AVANT-PROPOS.

Voici des Entretiens qui m'ont paru assez curieux et piquans, entre le plus grand des guerriers et le premier des artistes de notre siècle. Ce n'est pas Napoléon enseveli dans une île de l'Atlantique, qui parle avec des secrétaires, des généraux et des médecins, passant en revue ses exploits et ses pensées ; mais un prince puissant qui s'entretient familièrement avec un artiste dont la renommée était ou devait être égale à la sienne.

Depuis long-temps on désirait à Paris que Canova vînt s'y fixer, ou au moins qu'il y séjournât quelque temps. Dès le mois de septembre 1809, la duchesse de Bracciano, se trouvant dans cette capitale, en écrivit à son époux en Italie, ajoutant que *Madame Mère* accueillerait bien volontiers dans son palais ce grand artiste. Pendant que celui-ci travaillait à sa Vénus, il reçut une invitation formelle de se rendre à Paris, par l'intendant de la maison impériale, de la part de Napoléon, qui se trouvait alors en Hollande. On lui faisait concevoir de grandes espérances dans le cas où il y consentirait. Canova s'excusa poliment, alléguant entre autres raisons, que s'il devait changer son système de vie, il mourrait à lui-même et à son art, pour lequel seul il respirait. Il pria le cardinal Fesch et le chevalier Denon de faire en sorte qu'on n'insistât pas ultérieurement. Mais enfin il résolut d'aller lui-même exposer ses sentimens à l'Empereur. Son arrivée à Paris fut annoncée solennellement. Le 11 du mois d'octobre 1810 il arriva à Fontainebleau, et le lendemain il fut présenté à Napoléon. L'Empereur, dit l'abbé Missirini, biographe du Phidias italien, attirait dans ce temps-là l'attention de toute l'Europe; et tout ce qui avait rapport à cet homme extraordinaire excitait l'admiration universelle. C'est pourquoi Canova, ayant eu avec lui des entretiens très familiers, songea à en prendre note, s'imaginant que peut-être auraient-ils dans la suite quelqu'importance; il espéra aussi, comme il le dit lui-même, qu'ils offriraient une preuve de sa fermeté, puisque, n'étant ni séduit par des offres avantageuses, ni effrayé par les dangers, il ne s'abstint pas de découvrir la vérité en face d'un souverain si puissant.

Ces entretiens ont été extraits des manuscrits où Canova les avait consignés. Nous les offrons au public, traduits en français, afin qu'on puisse les joindre à tout ce qu'on a publié en France sur Napoléon.

ENTRETIENS

DE NAPOLÉON

AVEC CANOVA,

EN 1810.

I.

LE 12 octobre, vers midi, le maréchal Duroc
me présenta à Napoléon. L'Empereur commen-
çait son déjeuner; aucune autre personne que
l'Impératrice n'y était présente. «Vous-êtes un
peu maigri, M. Canova, » fut la première pa-
role qu'il m'adressa. Je lui répondis que c'était
l'effet de mes travaux continuels; ensuite je le
remerciai respectueusement de l'honneur qu'il
me faisait de m'appeler auprès de lui pour
m'occuper et pour dire mon sentiment sur les
beaux-arts; mais en même temps je ne lui dis-
simulai point, dès le premier abord, qu'il ne
me serait pas possible de fixer mon domicile
hors de Rome, et je lui en exposai les motifs.

« C'est ici la capitale du monde, dit-il; il faut que vous y restiez, et vous y serez bien. — Sire, vous pouvez disposer de mon existence; mais s'il plaît à Votre Majesté que mes jours soient consacrés à son service, qu'elle me permette de m'en retourner à Rome après les travaux pour lesquels je suis venu. » A ces mots, il sourit et répondit : « C'est ici que vous serez dans votre centre; car c'est ici que sont les anciens chefs-d'œuvre de l'art : il ne manque que l'*Hercule Farnèse*; mais nous l'aurons aussi. — Que Votre Majesté, répondis-je, laisse au moins quelque chose à l'Italie. Ces anciens monumens forment une chaîne ou collection avec une infinité d'autres qui ne peuvent être transportés, ni de Rome ni de Naples. — L'Italie peut se dédommager par des excavations, dit-il; je veux en faire à Rome. Dites-moi; le Pape a-t-il fait beaucoup de frais en excavations ? »

Alors je lui exposai qu'il avait fait peu de dépenses pour cet objet, parce qu'en ce moment il était pauvre; mais qu'il avait le cœur généreux et disposé aux plus grandes entreprises; que cependant, grâces à son ardent amour pour les arts et à une sage économie, il était parvenu à former un nouveau Muséum.

Ici il me demanda si la maison *Borghèse* avait fait de grandes dépenses pour ses excavations;

et je lui répondis qu'elles avaient été bien mo-
diques, parce qu'elle les entreprenait ordinai-
rement en société avec d'autres, et qu'ensuite
elle achetait leur part. A cette occasion, je lui
fis sentir que le peuple romain avait un droit
sacré sur tous les monumens qu'on découvrait
dans son territoire; car c'était comme un pro-
duit inhérent au sol, de sorte que ni les fa-
milles indigènes, ni le Pape même ne pouvaient
envoyer ces monumens hors de Rome, à laquelle ils appartenaient comme héritage de
leurs ancêtres et comme prix de leurs victoires.
« J'ai payé, ajouta-t-il, les statues *Borghèse*
quatorze millions.... Combien le Pape dépense-
t-il par an pour les beaux-arts? Cent mille écus?
—Pas tant; car il est extrêmement pauvre. —
On peut donc faire de belles choses avec moins
encore? — Certainement. »

Après cela, on vint à parler de la statue co-
lossale qui le représentait, et que j'avais sculp-
tée moi-même; il sembla qu'il aurait préféré
qu'elle eût été vêtue. « Dieu même, répondis-
je, n'aurait pu faire un bel ouvrage, s'il eût
voulu représenter Votre Majesté comme elle
est là, avec une culotte, des bottes, habillée
enfin à la française. Dans la statuaire, comme
tous les autres arts, nous avons notre style sublime; et le style sublime du sculpteur, c'est

le nu, et un genre de draperie qui est propre à notre art. » Alors je lui citai plusieurs exemples tirés des poètes et des monumens anciens. L'Empereur en parut persuadé ; cependant, venant à parler de l'autre statue équestre que j'allais modeler pour lui, et sachant qu'elle était drapée, Napoléon me dit : « Et pourquoi ne faites-vous pas celle-ci également nue ? — Elle doit être représentée en costume héroïque, répondis-je, et il n'est pas convenable qu'elle soit nue dans l'acte où je représente Votre Majesté, d'un général commandant à cheval une armée. » J'ajoutai que tel a été l'usage des anciens, et que c'est encore celui des modernes ; que les anciens rois de France, dans leurs statues équestres, étaient représentés de la sorte, et qu'il en était de même de celle de Joseph II à Vienne. « Avez-vous vu, dit-il, la statue du général Desaix en bronze ? Elle me paraît mal faite ; sa ceinture est ridicule. »

J'allais répondre ; mais il reprit : « Fondez-vous ma statue en pied ? —Elle est déjà fondue, Sire, et avec beaucoup de succès ; on l'a déjà gravée, et le graveur voudrait avoir l'honneur de la dédier à Votre Majesté ; c'est un brave jeune homme, et il est de votre munificence d'encourager ces jeunes artistes dans des temps si malheureux pour eux. — Je veux aller à

Rome, dit-il. » Alors je lui répondis : « Ce pays mérite bien d'être vu par Votre Majesté ; elle y trouvera des sujets capables d'échauffer son imagination , tels que le Capitole, le *forum* de Trajan, la voie sacrée, les colonnes, les arcs de triomphe, etc. » Je lui décrivis alors quelques monumens magnifiques, et particulièrement la voie Appienne de Rome à Brindisi, toute bordée des deux côtés de tombeaux comme les autres voies consulaires. « Qu'y a-t-il d'étonnant ? dit-il ; les Romains étaient maîtres du monde. — Ce ne fut pas seulement la puissance, répartis-je, mais le génie italien et notre amour pour les grandes choses qui produisirent tant de magnifiques ouvrages. Que Votre Majesté réfléchisse à ce qu'ont fait les seuls Florentins, qui n'avaient qu'un territoire si borné, à ce qu'ont fait aussi les Vénitiens. Les Florentins eurent le courage d'élever cette cathédrale étonnante en augmentant d'un sou seulement par livre l'impôt sur la fabrication des laines; et cette augmentation seule fut suffisante pour procurer les moyens de construire un édifice dont les frais excéderaient les facultés de toute puissance moderne. Ils firent aussi exécuter, par Ghiberti, en bronze, les portes de St.-Jean, pour le prix de quarante mille sequins, ce qui équivaudrait aujourd'hui à plusieurs millions de francs. Que Votre Majesté considère combien ils étaient industrieux et en même temps magnanimes. »

Tel fut le premier entretien, après lequel je pris les ordres nécessaires pour commencer la statue de l'Impératrice.

II.

Le 15 octobre, je me mis à l'ouvrage, et continuai pendant plusieurs séances, dans lesquelles j'eus toujours l'occasion de parler avec l'Empereur sur divers sujets, parce que c'était toujours au moment de son déjeuner, et qu'alors il était libre de toute occupation. Je veux faire connaître ici les principaux objets de nos entretiens.

« L'air de Rome, me dit-il, était-il, comme de nos jours, mauvais et malsain dans les temps anciens ? — Il paraît qu'oui, répondis-je ; d'après les historiens, on voit que les anciens prenaient des précautions contre le mauvais air au moyen des forêts et des bois qu'ils appelaient sacrés ; et de plus, la population immense qui couvrait le pays diminuait les funestes effets de ce fléau. Je me souviens d'avoir lu dans Tacite, à l'occasion du retour des troupes de Vitellius, qui revenaient de la Germanie, qu'elles tombèrent malades pour avoir dormi dans le Vatican.... » Il sonna aussitôt pour que son bibliothécaire lui apportât Tacite. On ne trouva pas le passage; mais moi je le lui envoyai plus tard. Il continua en me disant que les soldats venant de pays lointains à Rome, tombaient toujours malades la première année; mais qu'après ils se trouvaient bien. En parlant de Rome, je lui peignis la désolation de cette ville; je lui exposai que ce pays ne pouvait se relever sans le secours de son grand pouvoir; qu'après la perte que Rome avait faite du Pape, tous les ministres étrangers, quarante cardinaux et plus de deux cents prélats, outre un grand nombre de chanoines et d'autres ecclésiastiques, étaient déjà partis; que, par l'effet de cette émigration, l'herbe allait croître dans les rues; que sa gloire me donnait le droit de lui parler franchement, et de le supplier de subvenir au manque de tant d'argent, qui de tous côtés affluait à Rome, et qui maintenant n'y entrait plus. « Cet argent n'était pas bien considérable dans les derniers temps, me dit-il, et la culture du coton doit apporter quelques bénéfices. — Bien minces, lui répondis-je; Lucien lui seul a fait quelques essais de cette culture : d'ailleurs, Rome manque de tout, et il ne luireste que la protection de Votre Majesté. —

Nous en ferons la capitale de l'Italie, dit-il en souriant, et nous y joindrons encore Naples. Qu'en dites-vous ? Serez-vous content ? — Les arts, ajoutai-je, pourraient aussi être pour Rome la cause d'une grande prospérité ; mais les arts sont à présent dans un état de langueur, et, à l'exception de Votre Majesté et de la famille impériale, qui ont ordonné des travaux, personne ne fait travailler les artistes. La religion, qui contribuait tant à la prospérité des arts, devient elle-même tiède et languissante. » Ici je lui exposai, par des exemples tirés des Égyptiens, des Grecs et des Romains, que la religion seule avait fait fleurir les arts : combien de sommes immenses avaient été employées à la construction du Parthénon, et à la statue de Jupiter Olympien, de Minerve, etc. ; que les vainqueurs offraient aux dieux leurs propres images, et les courtisanes elles-mêmes leurs statues ; que les Romains n'en avaient pas agi autrement ; qu'ils avaient imprimé le sceau de la religion à tous leurs ouvrages pour les rendre plus augustes et plus respectés ; et je citai pour exemples les tombeaux, les statues, les théâtres, etc., etc. Ensuite je rappelai aussi les chefs-d'œuvre des arts modernes exécutés à-la-fois pour la religion : l'église St.-Marc à Venise, les cathédrales de Pise et d'Orvieto, le *Campo-*

Santo de Pise, et d'autres merveilles sans nombre, remplies de marbres et de très belles peintures. Je conclus que toutes les religions font du bien aux arts, et notre religion catholique romaine plus encore que les autres ; les protestans se contentent d'une simple chapelle et d'une croix, et par conséquent n'alimentent pas les arts. Alors l'Empereur, se tournant vers Marie-Louise, dit : « Il est vrai, la religion alimente toujours les arts, et les protestans n'ont rien de beau. »

III.

Un autre jour notre entretien tomba sur un sujet plus délicat, c'est-à-dire sur le souverain Pontife, sur les papes et leurs gouvernemens. A cette occasion, j'osai lui dire des choses bien fortes. Je fus fort surpris que Napoléon m'écoutât patiemment, et il me sembla que, dans le fond, il n'était pas d'un esprit tyrannique, mais qu'il était seulement gâté par ceux qui le flattaient et lui cachaient la vérité.

Le discours étant tombé sur mon bienfaiteur, Pie VII, je crus qu'il était de mon devoir de dire : « Pourquoi Votre Majesté ne se réconcilie-t-elle pas en quelque sorte avec le

Pape ? — Parce que les prêtres veulent commander partout, répondit-il ; qu'ils veulent se mêler de tout, être les maîtres de tout, comme Grégoire VII. — Il me semble qu'à présent cela n'est point à craindre, puisque Votre Majesté a partout le suprême pouvoir. — Les papes, ajouta-t-il, ont toujours empêché que la nation italienne se relevât, lors même qu'ils n'étaient pas les maîtres absolus de Rome, et cela par les factions des Colonnes et des Orsini. — Certes, repris-je, si les papes avaient eu le courage de Votre Majesté, ils auraient eu des occasions bien favorables pour se rendre maîtres de toute l'Italie. — Pour cela, voilà ce qu'il faut, s'écria-t-il en portant la main sur son épée; voilà ce qu'il faut. — C'est vrai, répondis-je ; nous avons vu que si Alexandre VI eût vécu, le duc Valentino, à l'aide de l'épée, en avait commencé la conquête. Les tentatives en ce genre de Jules II et de Léon X ne furent pas non plus sans succès ; mais le plus souvent on élisait les papes d'un âge trop avancé, et si l'un d'eux était entreprenant, l'autre était pacifique et tranquille. — C'est l'épée qu'il faut, répliqua-t-il. — Non pas l'épée seulement, ajoutai-je, mais encore la houlette. Machiavel lui-même n'osa pas décider si les armes de Romulus ont plus contribué à l'a-

grandissement de Rome que la religion de Numa : tant il est vrai que ces deux moyens doivent marcher ensemble. Si les pontifes ne se
sont pas signalés dans les armes , ils ont cependant fait d'autres choses si éclatantes ,
qu'elles exciteront toujours l'admiration universelle.

« Le grand peuple que le Romain ! s'écriat-il. — Certes , ce fut un grand peuple jusqu'à
la seconde guerre punique , ajoutai-je. — César , César fut le grand homme »; il continua :
« Non pas le seul César , mais quelques autres
empereurs encore ; tels que Titus , Trajan ,
Marc-Aurèle...... Toujours , toujours les Romains furent grands , dit-il , jusqu'à Constantin. Les papes eurent tort de maintenir la discorde en Italie , et d'etre toujours les premiers
à appeler les Français et les Allemands. Ils n'étaient pas capables d'être soldats eux-mêmes ,
et ils ont beaucoup perdu. — Puis donc qu'il
en est ainsi , repris-je , Votre Majesté ne permettra pas que nos maux s'augmentent , et je
puis pourtant l'assurer que , si elle ne vient au
secours de Rome , cette ville redeviendra ce
qu'elle était au temps où les papes transférèrent le siége à Avignon. Avant cette époque ,
elle avait une immense quantité d'eau et de
fontaines ; mais les aqueducs tombèrent en

ruines , et l'on vendait l'eau du Tibre dans les rues : la ville était un désert. » A ces mots , il parut un peu ému , et ensuite il dit avec vivacité : « On m'oppose des résistances ; eh quoi ! je suis maître de la France , de l'Italie et de trois parties de l'Allemagne ; je suis le successeur de Charlemagne. Si le Pape actuel était comme celui de ce temps-là , tout serait arrangé. Et vos Vénitiens aussi, n'ont-ils pas rompu avec lui ? — Non pas de la même manière que Votre Majesté , répondis-je ; vous êtes si grand , Sire, que vous pourriez bien accorder au Pontife un lieu où l'on voye qu'il est indépendant, et où il puisse exercer librement son ministère.

— Eh quoi ! dit-il , est-ce que je ne lui laisse pas tout faire , lorsqu'il ne commande que ce qui a rapport avec la religion ? — Oui ; mais vos ministres n'en agissent pas ainsi. Aussitôt que le Pape publie un mandement qui ne plaît pas au gouvernement français, à l'instant même il est déchiré. — Comment ! répliqua-t-il , est-ce que je ne permets pas aux évêques de gouverner l'Église comme ils l'entendent ? Est-ce qu'il n'y a point de religion ici ? Qui a relevé les autels ? Qui a protégé le clergé ? — Si Votre Majesté , dis-je , a des sujets religieux , ils seront encore plus affectionnés

et obéissans pour sa personne. — C'est ce que
je veux , répondit-il ; mais le Pape est tout al-
lemand ; » et, en parlant ainsi , il regardait
l'Impératrice. Elle dit alors : « Je puis vous assurer que quand j'étais en Allemagne, on
disait que le Pape était tout français. — Il n'a
pas voulu , ajouta Napoléon , expulser de ses
états ni les Russes, ni les Anglais. C'est pour
cela que nous nous sommes brouillés. »

Alors je m'enhardis à dire que j'avais lu les
papiers et les justifications imprimées par le
Pape , avec des documens officiels , et qu'il me
paraissait avoir de fortes raisons.... Dans cet
instant , le maréchal Duroc entra ; mais Napoléon m'interrompant, continua toujours à dire :
« Il a même prétendu m'excommunier. Ne
sait-il pas que finalement nous pourrions être
comme les Anglais et les Russes ? — Je demande humblement excuse à Votre Majesté ,
lui dis-je ; mais le zèle qui m'anime , m'ins-
pire la confiance de parler avec liberté. Conve-
nez-en , Sire ; il ne me semble pas qu'une telle
scission fût dans vos intérêts. Que Dieu vous
accorde de longues années ; mais si un jour il
arrivait quelque malheur , on pourrait craindre
qu'il ne parût tout-à-coup un ambitieux qui ,
prenant pour ses propres intérêts le parti du
Pape, occasionnerait de grands troubles dans

l'état. Dans peu de temps, Sire, vous serez père ; il faut penser à établir solidement les choses. Je vous en supplie ; arrangez-vous avec le Pape de quelque manière que ce soit.

— Vous voudriez donc nous voir raccommodés ? et moi aussi je le voudrais ; mais considérez ce qu'ont été les Romains avant qu'ils eussent des papes. — Que Votre Majesté considère aussi combien les Romains étaient religieux quand ils étaient grands. Ce César, qu'on célèbre si hautement, montait à genoux les degrés du Capitole pour aller au temple de Jupiter. On ne livrait pas de batailles, à moins que les auspices religieux ne fussent favorables ; et si on livrait, et même si l'on gagnait des batailles sans ces auspices, le général était puni. On sait ce que Marcellus fit pour les choses sacrées ; comment un consul fut condamné pour avoir enlevé les tuiles du temple de Jupiter dans la Grande-Grèce. Au nom de Dieu, que Votre Majesté protège la religion et son chef ; qu'elle conserve les beaux temples de l'Italie et de Rome. Il est bien doux de se faire adorer plutôt que de se faire craindre. — C'est ce que je veux, dit-il » ; et il brisa la conversation.

IV.

Un autre jour on vint à parler de Venise, de ses artistes et de ses monumens, et il dit qu'il avait trouvé en Italie de bonnes cartes géographiques. Il me demanda les noms des architectes, et je lui citai les principaux, en donnant à chacun les éloges qu'il méritait. Ensuite je lui parlai de l'architecte Soli, qui dirigeait les nouveaux travaux de Venise, et qui avait empêché qu'on ne détruisît les belles fabriques, comme on en avait formé le projet. Je lui parlai encore de *Palladio* et des planches gravées dont il avait enrichi les Commentaires de César. Je lui rappelai aussi les superbes édifices qu'il avait élevés, et que l'on voit épars dans l'état vénitien. Je lui recommandai Venise avec tant de chaleur, que l'émotion que j'éprouvai me fit venir les larmes aux yeux (1), et je lui dis : « Je proteste à Votre Majesté que les Vénitiens sont de bonnes gens. — Il est vrai ; je les crois bons. — Mais ils ne sont pas heureux, Sire : le commerce est arrêté, les impositions sont pesantes ; il y a des départemens qui n'ont plus aucun moyen

____

(1) Canova était Vénitien.

d'existence , tel que celui de Passereano , en faveur duquel il circule un écrit célèbre , qui peut-être n'est pas parvenu jusqu'à Votre Majesté. — Non , dit-il. » Je pris courage, et j'ajoutai : « J'en ai un exemplaire que je puis montrer à Votre Majesté , si elle le désire. » Aussitôt j'ouvris mon portefeuille , et je le lui présentai.

Napoléon , en regardant ce papier, dit : « Il est court ; » et interrompant son déjeuner , il le lut ; il ajouta : « J'en parlerai à Aldini. » Il le posa près de lui , et l'emporta lorsqu'il s'en alla.

Continuant ensuite l'entretien sur Venise, je m'étendis un peu sur la forme et l'esprit de son gouvernement , et je lui fis observer que , d'après ce que dit Machiavel dans ses ouvrages , il ne paraissait pas possible que Venise tombât jamais. Ce grand politique, allant en qualité de ministre de Florence auprès de l'empereur d'Allemagne , écrivit à *Vettor Vettorit* : « *Mon cher ami*, *il me paraît que les Vénitiens se disposent à prendre la bonne route , puisqu'ils ont fait peindre saint Marc avec l'épée ; et , en effet , le livre seul ne suffit pas* (1). J'ajoutai que les

---

(1) Le lion était l'emblème de Venise, et comme il était en même temps un des quatre animaux qui,

Vénitiens, craignant qu'il ne s'élevât parmi eux un César, n'avaient jamais voulu de général de leur nation en Terre-Ferme (1), et que s'ils en avaient eu un, sans cependant proroger jamais le terme de ses fonctions, ils auraient fait des exploits bien plus éclatans.

« Certes, répliqua l'Empereur, la prolongation du commandement est une chose bien dangereuse; moi-même je disais au Directoire, que s'il voulait toujours la guerre, il viendrait quelqu'un qui lui ferait la loi. »

V.

UNE autre fois, nous parlâmes des Florentins, et ce fut à l'occasion de la demande qu'il me fit, où j'avais placé le monument d'Alfieri. « Dans l'église de *Santa-Croce*, répondis-je ; où sont aussi ceux de Michel-Ange et de Ma-

---

suivant l'Apocalypse, étaient le symbole des Évangélistes, il tenait dans sa patte élevée l'Évangile de saint Marc ; mais on voit par cette lettre de Machiavel, que les Vénitiens avaient changé l'Évangile en une épée.

(1) Le Vénitien appelait *Terre-Ferme* tous les pays sujets à leur domination, tels que Padoue, Vérone, Brescia, etc., etc., pour les distinguer de Venise, entourée par la mer, et des autres îles sujettes à leur empire.

chiavel. — Qui l'a payé ? — La comtesse d'Albany. — Qui paya le monument de Machiavel ? — Une société , à ce que je crois. — Et celui de Galilée ? — Ses parens , si je ne me trompe. Cette église de *Santa-Croce* , continuai-je , est dans un très mauvais état ; l'eau y pénètre par le toit , et il faut partout des réparations. Il est de la gloire de Votre Majesté de conserver ces beaux monumens ; si le gouvernement prend les rentes , il est bien juste qu'il laisse les fonds de dotations pour l'entretien des fabriques. Il en est de même de la cathédrale de Florence ; elle commence à se détériorer par le manque de fonds destinés à son entretien. Et même, à-propos des églises remplies d'objets très intéressans , je suis chargé d'une supplique tendante à demander à Votre Majesté qu'elle ne permette pas que les monumens de l'art soient vendus aux juifs. — Comment vendus ? s'écria-t-il. Tout ce qu'il y a de bon, nous le ferons transporter ici.

Moi.—De grâce, que Votre Majesté laisse à Florence tous ses monumens, qui sont un accompagnement nécessaire des ouvrages à fresque, lesquels ne peuvent être transportés ailleurs. Il serait même convenable que le président de l'Académie de Florence pût prendre librement les mesures nécessaires pour l'entretien des beaux ouvrages d'architecture et des fresques. — Je le veux bien, dit-il. — Ce sera glorieux pour Votre Majesté, d'autant plus que j'ai entendu dire que sa famille est d'origine florentine. » A ces mots, l'Impératrice se tourna et dit : « Vous n'êtes pas Corse ? — Si fait, répondit-il, mais d'origine florentine (1). » Alors j'ajoutai que le président de l'Académie de Florence, qui s'intéressait avec tant de zèle à la conservation des monumens, était le sénateur Alessandri, d'une des plus illustres maisons de Florence, qui anciennement maria une de ses filles à un ascendant de la famille de Bonaparte ; « Par conséquent, vous êtes Italien, Sire, et nous nous en glorifions. — Je le suis certainement, repartit-il. » C'est ainsi que je lui recommandai instamment l'Académie de Florence.

---

(1) Il est vrai que dans les temps les plus reculés la famille de Bonaparte était connue à Florence ; mais il paraît qu'à la suite des temps et des révolutions, une branche passa à St.-Miniato, petite ville entre Florence et Pise, et que cette branche y a existé jusqu'en ces derniers temps. D'autres branches se fixèrent ensuite à Sarzana, dans le Génovéfat, et à Ajaccio, dans l'île de Corse.

VI.

Un autre jour aussi je parlai long-temps en
faveur de l'Académie de St.-Luc de Rome, qui
était sans école, sans rentes et sans ressources ;
je lui représentai qu'il était nécessaire de l'or-
ganiser comme celle de Milan. Je revins une
autre fois à ce discours, et je dis avec adresse :
« Que Votre Majesté suppose qu'elle a un musi-
cien ou une *cantatrice* de moins, et qu'elle as-
signe une dot à l'Académie de St.-Luc. » Je dis
cela parce que je savais qu'il donnait à Crescen-
tini trente-six mille francs par an. Je le trouvai
très disposé à cela, et en conséquence j'écrivis
une lettre à M. Menneval, secrétaire particulier
de l'Empereur, pour l'informer que Sa Majesté
était très disposée à favoriser les arts à Rome,
et qu'elle avait promis un décret, dont je dési-
rais être moi-même le porteur. En effet, le
8 novembre, M. Menneval me fit tenir, par le
ministre Marescalchi, une lettre qui contenait
les dispositions de Sa Majesté pour l'Académie
romaine.

En parlant de l'Académie et des artistes romains, l'Empereur dit : « L'Italie est mal pour-
vue de peintres ; en France, nous en avons de
meilleurs. » Je lui répondis que, depuis plu-

sieurs années, je n'avais pas vu les ouvrages des peintres français, et que je ne pouvais pas établir de comparaison ; mais que cependant nous avions des hommes bien distingués : Camuccini et Landi à Rome, Benvenuti à Florence, Appiani et Bossi à Milan, étaient des peintres très habiles. Il dit que les Français manquaient un peu de coloris ; mais que, dans le dessin, ils surpassaient les nôtres. J'eus soin d'observer que les nôtres aussi dessinaient bien ; que, laissant de côté Camuccini, dont le grand mérite est bien connu, le peintre Bossi avait fait des contours divins, et Appiani avait peint à fresque les salons du palais de Sa Majesté à Milan, de telle manière que je croyais impossible de faire mieux. « A fresque, vous avez raison : mais non pas à l'huile, » me répondit-il. Je pris la défense des nôtres, et je dis qu'il fallait observer que les artistes français recevaient de bien plus grands encouragemens ; qu'ils étaient bien plus nombreux ; et que si on les voulait compter, on verrait qu'ils surpasseraient en nombre tous les artistes du reste de l'Europe.

Il m'interrogea sur le salon et sur les autres ouvrages d'architecture qui s'élevaient à Paris, et je fis des éloges bien mérités des grands artistes français et de leur monumens. « Avez-vous vu la colonne de bronze ? — Elle me paraît bien belle, Sire. — Ces aigles aux angles ne me plaisent pas. — Cependant le même ornement se trouve aussi à la colonne trajane, dont celle-ci est une imitation.

—Cet arc que l'on construit au bois de Boulogne sera-t-il beau ? — Très beau. Il y a tant d'ouvrages de Votre Majesté qui sont véritablement dignes des anciens Romains, et particulièrement les routes magnifiques.... — L'année prochaine, dit-il, on achèvera la route de la *Cornice*, par laquelle on pourra aller de Paris à Gènes sans traverser les neiges. Je veux en faire une autre de Parme au golfe de la *Spezia*, où je veux former un grand port.— Ce sont de grands projets, répondis-je, dignes du vaste génie de Votre Majesté ; mais il convient aussi de songer à la conservation des beaux ouvrages des anciens.

VII.

Le soir du 4 novembre, je fus chez l'Impératrice avec son buste en plâtre ; elle se mit dans la même attitude pour mieux le faire juger aux dames qui jouaient avec elle, et toutes convinrent de la ressemblance. Napoléon n'y était pas. C'est pourquoi l'Impératrice dit que le lendemain matin elle voulait le lui montrer à l'heure du déjeuner. Ensuite elle ajouta : « Vraiment, M. Canova, vous ne voulez pas rester ici ?—Je veux me rendre tout de suite à Rome, répondis-je, pour que Votre Majesté, à son arrivée, qui, j'espère, aura bientôt lieu, y trouve le modèle tout fait de sa statue de grandeur naturelle. » Ici l'Impératrice me fit beaucoup de questions sur la manière de mouler le modèle et de l'exécuter en marbre. On parla de ma statue qui représente la princesse *Léopoldine Linctestein*, et l'Impératrice me dit : « C'est véritablement là qu'on trouve la beauté idéale. »

VIII.

Quelques jours après, l'Empereur vit le buste; il fit mettre l'Impératrice en attitude, la fit sourire, et fut content du travail. Je lui dis qu'il me semblait que cette physionomie plutôt gaie convenait mieux au caractère de *la Concorde*, sous l'image de laquelle je me proposais de représenter l'Impératrice, parce que c'était à elle qu'on devait la paix.

L'Impératrice était un peu enrhumée, et je me permis de lui dire, qu'il me semblait qu'elle avait peu de soin de sa santé; qu'elle allait à la chasse en calèche découverte, ce qui était dangereux, particulièrement pour elle qui était enceinte.

« Vous voyez comme elle est, dit Napoléon ; tout le monde en est étonné ; mais les femmes (en se frappant le front avec le bout de l'index), les femmes veulent que tout se fasse à leur fantaisie. Écoutez ! A présent elle voudrait venir à Cherbourg, qui est à une distance de tant de lieues ; moi, je lui dis toujours de se soigner. Et vous, êtes-vous marié ?—Non, Sire, répondis-je ; j'ai été plusieurs fois sur le point de me marier, mais beaucoup d'incidens me conservèrent la liberté ; et la crainte aussi de ne pas trouver une femme qui m'aimât comme je l'aurais aimée, me détourna de changer d'état, afin d'être libre et me livrer tout entier à mon art. — Ah ! femmes ! femmes ! » dit Napoléon en souriant, et continuant à manger.

Comme plusieurs fois je lui avais fait sentir le désir que j'avais de me rendre à Rome après avoir modelé le buste de l'Impératrice, disant toujours que je ne voulais rien pour moi, il me parut que mes refus déplurent à l'Empereur ; et revenant alors à l'article de mon départ, il me congédia en disant : « Allez, puisque vous le voulez. »